28 Mai 1888

V

Succession de M. LOUP

COLLECTION
D'INSTRUMENTS DE MUSIQUE

ANCIENS, RARES ET CURIEUX

DES XVIIe XVIIIe ET XIXe SIÈCLES

TABLEAUX, DESSINS, GRAVURES

CURIOSITÉS, OBJETS DIVERS

MOBILIER MODERNE, BIJOUX ET ARGENTERIE

EXPOSITION PUBLIQUE

Le Dimanche 27 Mai 1888

DE 1 HEURE A 5 HEURES

HOTEL DROUOT, SALLE N° 2

Me **MONDET**, Commissaire-Priseur

MM. GAND et BERNARDEL	M. B. LASQUIN
Luthiers du Conservatoire	EXPERT
Passage Saulnier, 4.	*Rue Laffitte, 12.*

PARIS — 1888

IMPRIMERIE MAULDE ET RENOU

A. MAULDE & Cie

IMPRIMEURS DE LA COMPAGNIE DES COMMISSAIRES-PRISEURS

Rue de Rivoli, 144

28 Mai 1888

CATALOGUE

DE LA COLLECTION

D'INSTRUMENTS DE MUSIQUE

ANCIENS RARES ET CURIEUX

DES XVIIe, XVIIIe ET XIXe SIÈCLES

TABLEAUX, DESSINS, GRAVURES

Miniatures, Curiosités, Objets de l'Orient, Porcelaine, Faïences, Objets d'Étagère, Bronzes, Armes, Objets divers.

MOBILIER MODERNE

ARGENTERIE ET BIJOUX

Dépendant de la Succession de M. LOUP

Et dont la Vente aura lieu par suite de son décès

HOTEL DROUOT, SALLE N° 2

Les Lundi 28, Mardi 29, Mercredi 30 Mai 1888

A DEUX HEURES

Par le ministère de Me **MONDET**, Commissaire-Priseur,
Boulevard Sébastopol, 4.

ASSISTÉ

Pour les Instruments de Musique
de **MM. GAND et BERNARDEL**
Luthiers du Conservatoire
Passage Saulnier, 4.

Pour les Tableaux et Curiosités
de **M. B. LASQUIN**
EXPERT
Rue Laffitte, 12.

EXPOSITION PUBLIQUE

Le Dimanche 27 Mai 1888, de 1 heure à 5 heures.

PARIS — 1888

CONDITIONS DE LA VENTE

Elle sera faite au comptant.

Les Acquéreurs paieront, en sus des adjudications, CINQ CENTIMES PAR FRANC applicables aux frais.

DÉSIGNATION

INSTRUMENTS DE MUSIQUE

1 — *Violon* Pressenda, de Turin, année 1823.

2 — *Violon* italien, marqué Guadagnini.

3 — *Violon* Jacques Boquay. Paris, année 1730.

4 — *Violon* Vincent Panormo. Paris, année 1792.

5 — *Violon* Jean-Baptiste Vuillaume. Paris.

6 — *Violon* Cherpitel, de Paris, année 1876.

7 — *Violon* Nicolas.

8 — *Violon* Chanot, forme guitare.

9 — *Violon* Chappuy. Paris, année 1732, forme Quinton.

10 — *Alto* italien, marqué André Guarnerius.

11 — *Alto* imitation Stradivarius.

12 — *Violoncelle* Maucotel. Paris, année 1848.

13 — *Quinton* Guersan. Paris, année 1746.

14 — *Quinton* Simon Gilbert. Metz, année 1749.

15 — *Quinton* Chappuy.

16 — *Viole* à cinq cordes, tête sculptée.

17 — *Viole* d'amour Guersan, tête sculptée.

18 — *Viole* d'amour Tirr. Vienne, année 1802.

19 — *Viole di Gamba* ancienne, à sept cordes, tête sculptée.

20 — *Pochette* ancienne, à cordes sympathiques.

21 — *Pochette* Chriallic, année 1699, forme violon.

22 — *Pochette* Henry Jay. London, année 1772, forme violon.

23 — *Pochette* vieux Paris, forme violon.

24 — *Pochette* ancienne, forme guitare.

25 — *Pochette* ancienne, marquée Rugger, forme violon, avec étui et archet.

26 — *Pochette* japonaise laquée.

27 — *Pochette* ancienne, forme contrebasse.

28 — *Pochette* ancienne, forme violoncelle.

29 — *Pochette* Jacques Quinot. Paris, année 1670, forme bateau, tête sculptée.

30 — *Pochette* Pierre Le Duc. Paris, année 1647, forme bateau, tête sculptée.

31 — *Pochette* allemande, ébène et ivoire, année 1691, forme bateau, tête sculptée.

32 — Petit *Violon* de Du Mesnil, Paris, année 1655, table en cèdre, fond en bois de violette, tête sculptée, fileté argent, touche et cordier décorés de filets argent, avec étui.

33 — Petit *Violoncelle* miniature Aldric. Paris, année 1788.

34 — *Guitare* ancienne, érable et bois de rose, rosace argent, incrustations nacre et écaille.

35 — *Guitare* italienne, Guiseppe Filano. Naples, année 1797.

36 — *Guitare* ancienne, fond voûté à côtes creusées, belle rosace dentelle.

37 — *Guitare* Voboam, année 1688, incrustations ivoire.

38 — *Guitare* Lambert. Paris, année 1784.

39 — *Guitare* Lacote, Paris, année 1820, avec étui.

40 — *Guitare* petit modèle, ancienne.

41 — *Guitare* Vuillaume. Troyes.

42 — *Mandoline* Antonius Vinaccia. Naples, année 1774, ornements nacre et ivoire gravés.

43 — *Mandoline* Donatus Filano, Naples, année 1781, ornements nacre et ivoire.

44 — *Mandoline* Donatus Filano. Naples, année 1766.

45 — Petite *Mandoline* Magno Dieffopruchar, Venise, ornements ivoire.

46 — *Mandoline* milanaise, à six cordes simples, ornements ivoire et nacre.

47 — *Mandoline* Carlo Guadagnini, Turin, année 1800, à six cordes simples.

48 — *Mandoline* Gaspard Ferrari, Rome, année 1749, à six cordes doubles, rosace en bois.

49 — *Mandoline* Giacomo, Trioli, année 1768, à six cordes doubles, rosace en bois.

50 — *Mandoline* Vinaccia, Naples, à quatre cordes, ornements nacre.

51 — *Mandoline* Fontanelli, Bologne, année 1773, à six cordes doubles, ornements ivoire, rosace en bois.

52 — *Mandoline* G.-B. Fabricatore, Naples, année 1789, à quatre cordes doubles, ornements nacre.

53 — *Mandoline* Florianus Bosi, Bologne, année 1781, à six cordes doubles, rosace en bois.

54 — *Mandoline* espagnole, à fond plat, à six cordes doubles.

55 — *Mandoline* Adam, Valence, à six cordes doubles.

56 — *Cistre* anglais, ornements nacre, rosace dorée.

57 — *Cistre* anglais, rosace en bois.

58 — *Cistre* italien, rosace dorée.

59 — *Cistre* Remérus Liessem, Londres, année 1759.

60 — *Cistre* allemand, Niclas Dhier, tête sculptée.

61 — *Cistre* espagnol.

62 — *Cistre* espagnol.

63 — *Cistre* anglais, rosace en bois, fond bateau.

64 — Grosse *Guitare* italienne, ornements nacre, fond bateau.

65 — Petite *Cythare* ancienne.

66 — *Mandoline* basse, de Donatus Filano, Naples, année 1774, ornements nacre et ivoire.

67 — *Luth* italien, rosace en bois.

68 — *Théorbe* Laurent. Paris.

69 — *Mandore* Méling. Paris.

70 — *Lyre* Maréchal, Paris, ornements nacre.

71 — *Harpe* Ditale, anglaise, ornements dorés sur fond rouge, rosace dorée.

71 *bis* — *Vielle* de Lejeune. Paris.

72 — *Tympanon* avec mosaïques bois divers, pieds dorés.

73 — Petit *Tympanon* avec rosace dorée.

74 — *Épinette* du Val-d'Ajol, en cœur de bois, tête sculptée.

75 — *Épinette* du Val-d'Ajol.

76 — *Rebab* de Java, manche ivoire, avec son archet.

77 — *Pepa* chinoise, avec très belles sculptures ivoire, chevilles ivoire, cordier bois sculpté.

78 — *Pepa* chinoise, tête sculptée.

79 — *Biva* japonaise, grand modèle.

80 — *San-Heen*, guitare chinoise, table peau de serpent.

81 — *Kokiu* japonais.

82 — Deux *Gunibrie* arabes, fond écaille tortue.

83 — *Rovana*, violon anamite, grand modèle, avec archet.

84 — *Rovana*, violon anamite, moyen modèle, avec archet.

85 — *Ur-Heen*, violon anamite, petit modèle, avec archet.

86 — *Kemangeh* arabe, petit modèle.

87 — *Rebab* arabe, table peau verte, rosaces dorées.

88 — *Rebab* arabe avec archet.

89 — *Violon* arabe.

90 — *Violon* éthiopien avec ornements coquillages.

91 — Petit *Violon* égyptien.

92 — *Violon* hispano-arabe, table en cuivre gravé avec coquillages.

93 — *Violon* hispano-arabe, table en cuivre repoussé.

94 — *Kemangeh-Roumy* chinois avec archet incrustations nacre.

95 — *Tambour-Baghlamah*, guitare arabe avec ornements nacre et ivoire.

96 — *Eoud*, luth arabe avec ornements nacre et ivoire.

96 *bis* — *Luth* arabe, fond courge, table avec rosace en bois.

97 — *Gunibrie* arabe, fond sculpté.

98 — Petit *Gunibrie* arabe, fond sculpté.

99 — *You-Kin* (guitare lunaire chinoise).

100 — *Rebab* éthiopien à deux cordes, ornements coquillages.

101 — *Marouvané* de Madagascar.

102 — Grand *Banjo*.

103 — Petit *Banjo*.

104 — *Kasso* du Sénégal.

105 — *Ya-Koumo-Kotto* du Japon, à deux cordes, bambou sculpté.

106 — *Ché* chinois, moyen modèle.

107 — *Taki-Goto* japonais, petit modèle.

108 — *Taki-Goto* japonais, petit modèle, avec boîte.

109 — *Taki-Goto* japonais, petit modèle, avec boîte.

110 — *Monocorde.*

111 — *Violon* triangulaire monocorde.

112 — Petite *Mandoline* en courge, rosace bois, ornements nacre et écaille.

113 — *Kuni-Ghi*, petit rebab arabe.

114 — *Kuni-Ghi*, petit rebab arabe.

115 — *Biva*, modèle miniature.

116 — *Biva*, modèle miniature.

117 — *Kokiu* japonais, modèle miniature, avec archet.

118 — *Sam-Sin* japonais, modèle miniature, avec plectre.

119 — *Sam-Sin* japonais, modèle miniature, avec plectre.

120 — *Sam-Sin* japonais, modèle miniature, avec plectre.

121 — *Taki-Goto*, modèle miniature.

122 — *Taki-Goto*, modèle miniature, en métal.

123 — Petit *Violon*, miniature, en métal d'argent.

124 — *Guitare*, miniature, écaille et nacre.

125 — *Guitare*, miniature, bois et ivoire.

126 — *Cistre*, miniature, écaille et nacre.

127 — *Mandoline*, miniature, italienne, ornements nacre.

128 — *Mandoline*, miniature, italienne.

129 — *Mandoline*, miniature, italienne, ornements nacre.

129 *bis* — *Bandurria*, miniature, espagnole, bois et ivoire.

130 — *Harpe*, miniature, italienne, ornements écaille.

131 — *Harpe*, miniature, modèle égyptien, nacre et ivoire.

132 — *Cornemuse*, miniature.

133 — Deux boîtes petits *Instruments* chinois, miniature.

134 — *Tambour* de guerre japonais, noir et or.

135 — *Tambour* de guerre japonais avec peintures.

136 — *Tambour* de guerre japonais, noir et or, plus petit.

137 — Une paire de *Timbales* indiennes, cuivre rouge, garnies de lanières de cuir.

138 — Une paire de *Timbales*, de derviches, en cuivre jaune.

139 — Une paire de *Timbales* persanes en terre cuite avec lanières de cuir.

140 — *Daraboukkeh* arabe.

141 — *Dhola-Ka*, tambour indien.

142 — *Tambour* cyngalais.

143 — *Huruk* ancien en bois avec lanières cuir.

144 — *Tossoumi* du Japon, laqué avec lanières chanvre.

145 — *Tambour* de basque arabe ancien, forme de cœur.

146 — *Tambour* de basque arabe ancien.

147 — *Tambour* de basque arabe ancien.

148 — *Tambour* de basque espagnol ancien.

149 — *Tambour* de basque chinois ancien.

150 — *Tambour* de basque italien ancien.

151 — *Tambour* de basque italien moderne.

152 — *Tambour* de basque français.

153 — *Tambour* de basque français.

154 — *Tambour* de basque ancien.

155 — *Tambourin* en bois sculpté avec sa batte.

156 — *Échelettes*, seize lames avec baguette.

157 — *Instruments* chinois à percussion.

158 — Petites *Cymbales* doubles africaines avec ornements coquillages.

159 — Une paire de *Cymbales* de Smyrne.

160 — Une paire de petites *Cymbales* chinoises.

161 — *Tam-Tam* chinois.

162 — Deux petits *Tam-Tam* miniature.

163 — *Castagnettes* de Hong-Kong.

164, 164 *bis*, 164 *ter* — Trois paires de *Castagnettes* espagnoles ivoire, avec ganses soie et argent.

165 — *Castagnettes* diverses.

166 — Deux *Triangles*,

167 — *Coco* avec grelots (Afrique).

168 — *Flûte* en ivoire à une clef en argent du XVIIIe siècle.

169 — *Flûte* en ivoire à une clef, de Scherer.

170 — *Flûte* en ivoire sans clef.

171 — *Canne-Flûte* en érable, à une clef.

172 — *Flûte* basse de Livoni, Milan, à treize clefs

173 — Six *Flûtes* diverses à clefs, ébène et grenadille.

174 — Six *Flûtes* diverses à clefs, ébène et grenadiile.

175 — Quatre *Flûtes* diverses à clefs en buis.

176 — Trois *Flûtes* diverses à clefs, ébène et grenadille.

177 — Quatre petites *Flûtes* à clefs, ébène.

178 — Quatre petites *Flûtes* à clefs, ébène.

179 — Une petite *Flûte* à clefs de Nonon, grenadille, avec boîte.

180 — *Flûte* harmonique de Delusse.

181 — *Flûte* harmonique de Veyrat.

181 *bis* — Petite *Flûte* de David.

182 — Deux *Flûtes* arabes (grande et petite).

183 — Trois petites *Flûtes* diverses.

184 — *Flûte* chinoise.

185 — *Flûte* japonaise.

186 — *Ti-tzou*, flûte chinoise.

187 — *Flûte* de Pan.

188 — *Cor* de Basset Kuss, à Vienne.

189 — *Clarinette* alto en fa. Buffet Paris.

190 — *Cor* de Basset de Scheilly in ofen.

191 — *Clarinette* en cuivre de Gautrot.

192 — Deux *Clarinettes* ébène et grenadille.

193 — Deux *Clarinettes* en buis de Baumann.

194 — Deux *Clarinettes* de Mathieu et Prudent.

195 — Trois *Clarinettes* de Lefèvre et Gautrot.

196 — Deux petites *Clarinettes* buis.

197 — *Clarinette* en buis, clefs argent, de Guerre avec sa boîte.

198 — *Flageolet* double de Hastrick et Bainbridge.

199 — Grand *Hautbois* de Richters à trois clefs de cuivre.

200 — *Cor* anglais ancien.

201 — *Cor* anglais de Triébert.

202 — *Cor* anglais de Piana.

203 — *Cor* anglais de Brod.

204 — *Hautbois* de Richters, viroles ivoire.

205 — *Hautbois* de Triébert.

206 — *Hautbois* de Triébert.

207 — *Hautbois* de Triébert.

208 — *Hautbois* de Delusse.

209 — *Hautbois* de Delusse.

210 — *Hautbois* de Nonon.

211 — *Hautbois* de Panorme.

212 — *Hautbois* de Morandi, Trieste.

213 — *Hautbois* de Kilian.

214 — *Hautbois* de Muller, Lyon.

215 — *Hautbois* arabe.

216 — *Musette* de Triébert.

217 — *Musette* de Godefroy.

218 — Deux *Musettes* en buis.

219 — *Musette* ancienne, italienne.

220 — *Musette* ancienne, italienne.

221 — *Musette* ancienne, italienne.

222 — *Flûte* douce ténor en buis, à quatre clefs.

223 — *Flûte* douce en ébène.

224 — Petite *Flûte* douce en buis, de Anciuti.

225 — Deux petites *Flûtes* douces arabes.

226 — *Galoubet* d'Olivier, en buis.

227 — *Galoubet* provencal ancien.

228 — *Galoubet* de Colin, en buis.

229 — Quatre petites *Flûtes* douces en ivoire.

230 — Quatre petites *Flûtes* douces buis et ébène.

231 — Trois *Flageolets* à clefs, de Godefroy.

232 — Deux *Flageolets* de Martin.

233 — Deux *Flageolets* de Buffet.

234 — Deux *Flageolets* de Thibouville.

235 — Trois *Flageolets* ébène et grenadille.

236 — Quatre *Flageolets* ébène et grenadille.

237 — *Flageolet* en si bémol de Tabard.

238 — Deux petits *Flageolets* de Godefroy en grenadille.

239 — Trois petits *Flageolets* ébène et buis.

240 — *Flageolet* Coucou.

241 — *Basson* ancien.

242 — *Basson* Russe.

243 — Grande *Trompette*.

244 — *Buccin*.

245 — *Trombone* à coulisse de Duchesne.

246 — Grande *Trompette* romaine.

247 — *Cornet* à cylindre de Kretzchmann, avec boîte.

248 — *Cornet* à trois pistons, Halary, avec boîte.

249 — *Cornet à Bouquin* ancien, octogone, recouvert en peau.

250 — *Negro Trompette*, ancien, en ivoire.

251 — *Negro Trompette*, ancien, en bois.

252 — Petit *Cornet* ivoire, avec ganse d'or.

253 — Petit *Cornet* ivoire, ancien.

254 — *Cheng* chinois.

255 — *Cheng* chinois, miniature.

256 — *Corne* de Lorraine.

257 — *Buccin* marin.

258 — *Musette* ancienne, en buis, viroles corne, sac en peau.

259 — *Cornemuse* incomplète.

260 — *Sifflet* mexicain, en terre cuite.

261 — *Sifflet* mexicain, en terre cuite.

262 — *Sifflet* mexicain, en terre cuite.

263 — *Sifflet* mexicain, en terre cuite.

264 — *Sifflet* mexicain, en terre cuite.

265 — *Sifflet* mexicain, en terre cuite.

266 — *Sifflet* mexicain, en terre cuite.

267 — Quatre *Ocarinas*.

268 — Deux *Guimbardes*.

269 — *Serinette* ancienne, boîte en bois de rose, époque Louis XVI.

270 — Petite *Clochette* en fer, avec battant.

271 — Petite *Corne* miniature, en cuivre.

272 — *Archet* de violon, Tourte, garni argent.

273 — *Archet* de violon, Tourte aîné, garni or.

274 — *Archet* de violon, Tourte aîné, garni argent.

275 — *Archet* de violon, Tourte aîné, garni argent.

276 — *Archet* de violon, Toute aîné, garni argent.

277 — *Archet* de violon, Eury, garni argent.

278 — *Archet* de violon, Lupot, garni argent.

279 — *Archet* de violon, Peccatte, garni argent.

280 — *Archet* de violon, Peccatte, garni argent.

281 — *Archet* de violon, Maire, garni argent.

282 — Quatre *Archets* de violon anciens, Paris, garnis argent.

283 — Quatre *Archets* de violon, anciens, Paris, garnis argent.

284 — *Archet* d'alto, ancien, Paris, garni argent.

285 — *Archet* de violoncelle, Peccatte, garni argent.

286 — *Archet* de violoncelle, ancien, Paris, garni argent.

287 — *Archet* de demi violon, Tourte aîné, garni argent.

288 — *Archet* de Pochette, Tourte aîné, garni argent.

289 — *Archet* de Pochette, Tourte aîné, garni argent.

290 — *Archet* de Pochette, ancien, Paris, garni argent.

291 — Cinq *Archets* de Pochette, anciens, garnis argent.

292 — Cinq *Archets* de Viole, anciens, hausses ivoire.

293 — Quatre *Archets* de Viole, anciens, hausses ivoire.

294 — *Bâton* de chef d'orchestre, ébène et ivoire.

295 — *Métronome* Maelzel, de Wagner, en palissandre, à sonnerie.

296 — Etui pour deux violons, en acajou, garni en velours, avec enveloppe en peau.

297 — *Musurgia Universalis* du père Kircher. Rome 1650, deux volumes reliés.

298 — Description des instruments harmoniques, par le père Bonanni, Rome, 1776. Texte Italien et Français, un volume. Très bel exemplaire relié, non rogné.

299 — Description des instruments harmoniques, par le père Bonanni, Rome, 1776, un volume relié.

300 — Essai sur la musique, par le père Laborde, Paris, 1780. Quatre volumes reliés.

301 — Petite gravure coloriée représentant Sainte Cécile. Cadre en chêne sculpté.

302 — Petite gravure coloriée représentant le Roi David. Cadre en chêne sculpté.

303 — Deux gravures anciennes. Portraits des Pères Kircher et Mersenne.

TABLEAUX

Chardin. Le Panier de prunes. Signé et daté 1768.

Courtois (Pierre). Deux Batailles.

Franck. Le Calvaire.

École française du XVIIIe siècle. Portraits de femmes.

Tableaux anciens des diverses Écoles : Sujets de genre et Portraits.

DESSINS

Dessins, Gouaches et Aquarelles de l'École française, par Lépicié, Vigée Lebrun, Fragonard, Oudry, Hubert-Robert, Le Prince, J.-B. Hüet, etc.

Aquarelles modernes.

GRAVURES

Collection de Gravures de l'École française du XVIIIe siècle. Pièces imprimées en couleurs, d'après Boucher, Huet, Demarteau, De Machy. La plupart encadrées dans des bordures anciennes en bois sculpté.

Grand nombre de Gravures en portefeuilles, des différentes Écoles.

Photographies encadrées.

MINIATURES

Grand nombre de Miniatures et de petites Peintures sur cuivre : Portraits des XVIIe et XVIIIe siècle.

Miniatures gothiques sur vélin.

CURIOSITÉS

Bahut Renaissance en chêne sculpté, à figures.

Petite Pendule Louis XV avec son socle de suspension, plaquée de corne verte et ornée de bronzes dorés.

Faïences anciennes : Vases en faïence italienne, petites Coupes à reflets métalliques.

Porcelaines anciennes de la Chine et du Japon : Vases, Plats, Assiettes, Tasses, Soucoupes.

Émaux de Limoges, par J. Laudin.

Cadres anciens.

Objets de la Chine et du Japon : Laques, Matières précieuses, Bronzes, Émaux cloisonnés, Ivoires.

Quantité d'Objets d'étagère.

Armes orientales.

Revolver.

Bronzes modernes, Statuettes et Groupes, d'ap. Clodion.

Bronzes de Barbedienne.

Vitraux modernes de style Renaissance.

LIVRES

Environ 500 Volumes bien reliés : Histoire et Littérature.

AMEUBLEMENT

Meubles de chambre à coucher en palissandre.

Ameublement de cabinet de travail en chêne sculpté : Bibliothèque, Bureau, Sièges garnis en drap.

Pendules en marbre et bronze.

Vitrines, Tables.

Fauteuils garnis de reps rouge.

Glaces.

Ustensiles de cuisine.

Tapis, Rideaux, Literie.

ARGENTERIE

BIJOUX DIVERS

A. Maulde et Cie, imprimeurs de la Cie des Commissaires-Priseurs, rue de Rivoli, 144. 800—87774

www.ingramcontent.com/pod-product-compliance
Ingram Content Group UK Ltd.
Pitfield, Milton Keynes, MK11 3LW, UK
UKHW021532260726
13993UKWH00004B/1938

9 782329 521336